THOMAS VON AQUIN

Philosophie für unterwegs, Band 20

Bisher erschienen
Band 1: Epikur. Der Philosoph der Freude
Band 2: Nietzsche. Der Wanderphilosoph
Band 3: Machiavelli. Der Philosoph der Macht
Band 4: Aristoteles. Wegbereiter der Metaphysik
Band 5: Karl Popper. Der kritische Rationalist
Band 6: Francis Bacon. Empirist und Lordkanzler
Band 7: Ludwig Feuerbach. Philosoph des gesunden Menschenverstandes
Band 8: Jesus. Meister des Wortes
Band 9: Hannah Arendt. Erforscherin des Bösen
Band 10: Martha Nussbaum. Philosophin des guten Lebens
Band 11: Albert Camus. Philosoph des Absurden
Band 12: Karl Marx. Philosoph der Verheißung
Band 13: Arthur Schopenhauer. Philosoph des Irrationalen
Band 14: Friedrich Engels. Philosoph der Bewegung
Band 15: Gottfried Wilhelm Leibniz. Begründer der Monadenlehre
Band 16: Sokrates. Philosoph der Selbsterkenntnis
Band 17: Simone Weil. Philosophin der Freiheit
Band 18: Platon. Begründer der Philosophie
Band 19: Konfuzius. Philosoph des rechten Weges
Band 20: Thomas von Aquin. Der Theologe als Philosoph

Prof. Dr. theol. Stefan Samerski, geb. 1963, Studium der Katholischen Theologie, Geschichte und Kunstgeschichte in Bonn und Rom, Promotion zum Dr. theol. 1991; 1991–1997 in Rom zur Edition der Akten der Kölner Nuntiatur (1607–1610). 2000 Habilitation an der Ludwig-Maximilians-Universität München (LMU). 2007 apl. Prof. an der LMU/München und seit 2011 residier. Prof. für Kirchengeschichte am Priesterseminar Berlin.

STEFAN SAMERSKI

THOMAS VON AQUIN

Der Theologe als Philosoph

mitteldeutscher verlag

Die Reihe „Philosophie für unterwegs“ wird herausgegeben von Florian Russi.

Umschlaggestaltung unter Verwendung einer Zeichnung von Lutz Bolldorf.

Bibliografische Information der Deutschen Nationalbibliothek
Die Deutsche Nationalbibliothek registriert diese Publikation in der Deutschen Nationalbibliografie; detaillierte bibliografische Daten im Internet unter http://d-nb.de.

2024

www.mitteldeutscherverlag.de

Gesamtherstellung: Mitteldeutscher Verlag, Halle (Saale)

ISBN 978-3-96311-825-8

Printed in the EU

Inhalt

Einleitung 7

Leben und Wirken 8
Süditalien – auf dem Weg zum
Dominikanerorden 8
Paris und Köln – vom Studenten zum
Dozenten 12
Orvieto – am Hof von Papst Urban IV. 21
Rom – „Summa theologiae" und
Aristoteles-Kommentar 25
Erneut in Paris – Johannes-Auslegung und
„Quaestiones disputatae" 32
Neapel – letzte Lebensjahre 36

Nachleben 41

Quellen, Literatur und Siglen 45

Einleitung

Thomas von Aquin, dessen Todestag sich im Jahr 2024 zum 750. Male jährt, war einer der bedeutendsten Denker des Mittelalters. Seine prägende Wirkungsgeschichte reicht bis ins 20. Jahrhundert hinein. Das liegt vor allem an seinem rational-philosophischem Zugang zur christlichen Glaubenslehre. Kein anderes Buch des Christentums ist neben der Bibel so oft zitiert und kommentiert worden wie seine „Summa theologiae", die lange Zeit als klassische christliche Dogmatik schlechthin galt und spürbaren Einfluss auf das europäische Denken hatte.

Anhand seiner Biografie soll hier leicht verständlich ein erster Zugang zu seinem Denken und seinem reichen Œuvre vermittelt werden. Dabei wird der weitgehend anerkannte Forschungsstand zu Grunde gelegt und vieles stark vereinfachend dargestellt. Wie jede historische Persönlichkeit muss Thomas oder der Aquinate, wie er auch genannt wurde, vor dem Hintergrund seiner Zeit verstanden werden. Hier hat seine Biografie gerade in den letzten Jahrzehnten viel an Eigenprofil und Realitätsnähe gewonnen.

Leben und Wirken

Süditalien – auf dem Weg zum Dominikanerorden

Thomas wurde 1224/25 als jüngster Sohn des Landulf von Aquino auf dem Familienschloss Roccasecca geboren. Die Burg liegt etwa auf halber Strecke zwischen Rom und Neapel, also im Grenzgebiet zwischen dem Kirchenstaat und dem Königreich beider Sizilien, das damals von den dominanten Staufern beherrscht wurde. Das war für Thomas' Familie von großer Bedeutung, da damals Päpste und Staufer, deren Herrschaft Mitte des 13. Jahrhunderts zu Ende ging, um die Führung im Abendland stritten. Entsprechend waren einzelne Mitglieder des Rittergeschlechts von Aquino in jeweils gegnerischen Lagern zu finden. Dieser Weltkonflikt wurde auch für Thomas prägend, etwa bei seiner politischen Orientierung oder seiner Ausbildung, auf die die Staufer Einfluss nahmen. Thomas selbst neigte als späterer Mann der Kirche eher der päpstlichen Seite zu, folgte aber bei politischen Fragen dem biblischen Grundsatz: „Gebt dem Kaiser was dem Kaiser gebührt, und Gott, was Gott gebührt" (Mt 22,21). An entsprechend begründeten Ansichten hielt er sehr häufig sein ganzes Leben lang fest und war bereit, hartnäckig für sie zu streiten. Auch von einmal gefassten Entscheidungen war er nicht mehr abzubringen.

Persönlich waren für ihn die Familienbande des einfachen Landadels zeit seines Lebens eng und prägend. Immer wieder suchte er Kontakt zu seinen Verwandten und betätigte sich sogar als deren Testamentsvollstrecker.

Als jüngster Sohn bestimmte ihn die Familie für den geistlichen Stand und übergab ihn 1230/31 dem berühmten Benediktinerkloster Montecassino, wo ihm rasches Fortkommen winkte. Der Abt, sein Onkel, schickte den jungen Zögling, der schon früh einen nachdenklich-innerlichen Zug, hohe intellektuelle Begabung und eine Liebe zur Liturgie erkennen ließ, im Herbst 1239 zum Studium nach Neapel. Die dortige Universität, die von den Staufern für die Heranbildung neuer Staatsdiener gegründet worden war, galt als einer der besten Ausbildungsstätten Europas. Während in Paris noch Aristoteles aus den öffentlichen Philosophievorlesungen verbannt war, konnte man in Neapel diesen antiken Denker ohne kirchliche Verbote studieren. Hier erhielt Thomas eine profunde Einführung in die sich bald als bahnbrechend erweisende aristotelische Philosophie. Dieser Grieche, der damals Stück für Stück über Süditalien und die iberische Halbinsel ins Abendland vermittelt wurde, lieferte mit seinen Schriften eine ganz neue, gleichsam beispiellose Möglichkeit: die natürliche Wirklichkeit unabhängig von religiösen

Vorgaben und nur mit Hilfe einiger Vernunftprinzipien zu deuten. Seine Philosophie stellte einen reflektierten Begriff von Wissen zur Verfügung; Wissenschaft beschäftigt sich nicht mehr allein mit der Beschreibung der aus der menschlichen Erfahrung gewonnenen Sachverhalte, sondern Aristoteles ging es um das Wissen von den Ursachen der Dinge. Mit ihm wird der Wissenschaftsbegriff nicht nur neu gefüllt, sondern er legte die eigentlichen Fundamente der bald dominierenden Schultheologie der Scholastik, als deren prominentester Exponent Thomas von Aquin gilt. Die Universität Neapel vermittelte ihm also nicht nur einen Methodenvorsprung, sondern lieferte ihm schon damals verwendbares Material für seine eigenen Schriften. Dazu später mehr.

Neapel war für ihn aber noch in anderer Hinsicht weichenstellend. Dort traf er auf den erst vor kurzem gegründeten Dominikanerorden, der sich durch Predigt und profunde akademische Bildung auszeichnete. Das prädestinierte ihn für die Seelsorge in den Städten und den Kampf gegen Irrlehren. Neu war auch die radikal geübte persönliche Armut, die Thomas von Anfang an faszinierte. Da der Stauferkaiser Friedrich II. den Orden aus Süditalien vertrieben hatte, traf Thomas im Konvent S. Domenico Maggiore in Neapel nur noch zwei Patres an, die ihn in das Ordensideal einführten. Im Frühjahr 1244 wurde Thomas Dominikaner. In der Kunst wird er dementsprechend mit dem Ordenshabit dargestellt, und tatsächlich war dieser Eintritt für ihn nicht nur persönlich prägend, sondern bildet auch einen Schlüssel zu seinem Œuvre.

Über diesen Schritt waren die Eltern indes entsetzt und versuchten ihn mit allen Mitteln davon abzubringen. Dazu war ihnen nahezu jedes Mittel recht. Zunächst reiste die Mutter Theodora im Mai 1244 nach Neapel. Doch seine Ordensbrüder kamen ihr zuvor und schickten Thomas nach Bologna. Daraufhin beauftragte Theodora ihren ältesten Sohn, Thomas abzufangen, was mit Hilfe von Soldaten Friedrichs II. auch gelang. Zwar wehrte sich der junge Dominikaner erfolgreich dagegen, ihm das Ordensgewand zu entreißen, doch konnte er nicht verhindern, dass er auf dem Familienschloss Monte S. Giovanni bei Roccasecca festgesetzt wurde. Dort versuchte man ihn zunächst umzustimmen. Sein Biograf und späterer Sekretär Wilhelm von Tocco berichtet, dass seine Brüder auf ihn ein hübsches Mädchen ansetzten, das ihn verführen sollte. Da der willensstarke Thomas von seiner Lebensentscheidung aber nicht abzubringen war, jagte er das Mädchen mit einem brennenden Holzscheit aus dem Raum und bat Gott um ewige Jungfräulichkeit.

Nach etwa einem Jahr gab die Familie nach und ließ ihn nach Neapel zurückkehren. Thomas verarbeitete dieses einschneidende Ergebnis später literarisch in seiner „Summa theologiae“:

> „Sind [die Eltern] aber nicht in einer Notlage […], so können die Kinder die Eltern sich selbst überlassen und ins Kloster gehen, auch gegen den ausdrücklichen Befehl der Eltern.“ (Sth IIa-IIae q. 189 a.6)

Paris und Köln – vom Studenten zum Dozenten

Kaum wieder in Neapel angekommen, wurde er von seinem Orden im Sommer 1245 nach Rom und dann sofort nach Paris geschickt, um sein unterbrochenes Studium fortzusetzen. Damit war er im damaligen geistigen Zentrum der Christenheit angekommen. In Paris war die Studentenschaft international und der Lehrkörper hochqualifiziert, vor allem sein Lehrer Albertus Magnus, der als einer der letzten das gesamte Wissen seiner Zeit beherrschte. Einen bedeutenderen und moderneren Lehrer hätte Thomas kaum finden können. Beim Dominikaner Albertus hörte er v. a. Vorlesungen über die „Nikomachische Ethik“ des Aristoteles, die seinen eigenen Zettelkasten befüllten und ihm als Fundus für seine späteren Werke dienten.

Albertus erhielt 1248 den Auftrag, eine Ordenshochschule in Köln einzurichten. Er nahm

Thomas mit, der dort im Sommer vermutlich die Grundsteinlegung des gotischen Domes miterlebte. In Köln wurde Thomas zum Priester geweiht und verehrte schon damals intensiv die Eucharistie. Von seinen Mitstudenten wurde Thomas als schweigsamer Kommilitone wahrgenommen und wegen seines Körperbaus als „stummer sizilianischer Ochse" bezeichnet. Das tat seinem akademischen Fortkommen aber keinen Abbruch, denn Albert machte ihn rasch zu seinem Assistenten, der die Studenten als Lehrer in die biblischen Texte einführte. Solche *Cursorie* über Jesaja, Jeremia und die Klagelieder verwertete er zu ersten Veröffentlichungen und machte damit deutlich, wie zentral ihm die Hl. Schrift und eine Spiritualität war, die auf betrachtender Meditation solcher Texte basierte. Die so gewonnenen Einsichten drängten ihn zur Weitergabe – nicht nur an die Studenten, sondern auch in Predigten an das Kirchenvolk. Damit verwirklichte er das dominikanische Ideal des *Contemplata aliis tradere*, d. h. sich der Kontemplation zu widmen und deren Früchte weitergeben.

Im September 1252 war er wieder in Paris, wo er seine eigentliche Lehrtätigkeit begann und sich auf die Professur vorbereitete. Für die Studenten las er ganz traditionell die „Sentenzen" des Petrus Lombardus, die er damals gründlich kommentierte. Was zunächst auffällt, ist, dass er den Lombarden ganz originell und grundlegend umstrukturierte und Aristoteles über 2.000 Mal zur spekulativen Entfaltung der Hl. Schrift heranzog, aber auch die Kirchenväter – besonders Augustinus. Gott sollte nun ganz im Mittelpunkt des Werkes stehen, von dem alle Dinge ausgehen und ihn als Ziel haben. Dieses literarische und theologische Leitmotiv sollte Thomas' ganzes Leben und Schaffen durchziehen: Gott ist der Mittelpunkt, das Zentrum der Welt und der Heilsgeschichte. Das ging so weit, dass Thomas sich aus einer Unterhaltung zurückzog, wenn über etwas anderes als von Gott gesprochen wurde, wie Tocco aus persönlicher Anschauung berichtete.

Bereits damals zeigte sich, dass der gefragte Thomas bis an den Rand seiner physischen Belastbarkeit ging. Insgesamt hat er über 90 eigene Werke vorgelegt (darunter die großen *Summae*), von denen 26 Auftragswerke waren, also lehrmäßig ausgearbeitete Antworten auf persönliche Anfragen von Adligen, Bischöfen und Ordensbrüdern. Seine Biografen sprachen daher von einer „intellektuellen Nächstenliebe", die ihn mit großem Eifer und Gründlichkeit zum Schreiben bewog.

Obwohl Thomas noch nicht das vorgeschriebene Alter hatte, bekam er im Februar 1256 die Lehrerlaubnis – dem Orden ging es darum, innerhalb kürzester Zeit eine große Anzahl von Lehrern im renommierten Paris heranzubilden – und hielt seine Antrittsvorlesung als Dominikaner-Professor für ausländische Studenten. Als Thema wählte er den Psalm 103, aus dem er das Selbstverständnis des Theologieprofessors erschloss: lehren, zurückweisen von Irrlehren und predigen. Die Weisheit kommt von Gott und erleuchtet den Theologen, der durch die Weitergabe des „reinen Wassers" das ganze Land fruchtbar machen soll.

Doch so glatt sollte es für Thomas nicht laufen. Die Weltgeistlichen an der Universität verweigerten ihm als jungem Magister eines neuen Ordens hartnäckig die Aufnahme in den Lehrkörper und verbaten den Studenten den Vorlesungsbesuch. Erst als Papst und König eingriffen, wurde für Thomas im Spätsommer 1257 der Weg ins Magisterkollegium und in den ungestörten Lehrbetrieb frei. Nun folgten Jahre intensiven Arbeitens in Form von täglichen Vorlesungen, öffentlichen Disputationen, Predigten und Kommentaren. In seiner unvollendeten Schrift über den spätantiken Philosophen Boethius, die uns als Thomas' Autograf vorliegt, lieferte er eine umfassende Wissenschaftstheorie, die weit über das Mittelalter hinaus Gültigkeit hatte.

Danach basiert Wissenschaft (*scientia*) ausschließlich auf Erkenntnissen, die sich auf Gründe stützen; der Beweis als Inbegriff der Wissenschaftlichkeit nimmt dabei von Annahmen bzw. Prämissen seinen Ausgang. Die Rückfragen nach den Gründen können aber nicht bis ins Unendliche zurückgehen, sondern müssen einen ersten, voraussetzungslosen Anfang haben. Dieser muss allen einsichtig sein und daher nicht mehr bewiesen werden. Für Thomas ist das nach Aristoteles der plausible Satz vom Widerspruch: Es ist unmöglich, dass etwas gleichzeitig und in derselben Hinsicht ist und nicht ist.

Ähnlich wie seine regelmäßigen Vorlesungen hielt Thomas damals auch private und öffentliche Disputationen ab, die etwa drei Stunden dauerten: Einige Wochen vorher wurde eine klar umrissene These ausgegeben, auf die sich der Magister wie auch die Studenten vorbereiten konnten. Die großen, feierlichen Disputationen wurden nicht selten aufgezeichnet und später als *Quaestiones* mit Für und Wider veröffentlicht. Für Thomas kreiste alles um die Wahrheit (*veritas*) als den Hauptbegriff, den er vorbehaltlos anstrebte und erkenntnistheoretisch objektiv anerkannte. Allein das Wort *veritas* kommt im Nominativ in seinem Œuvre über 10.000 Mal vor. Thomas sagte: Auch wenn der Pragmatismus etwas anderes behauptet, so strebt doch der Mensch von Natur aus nach der Erkenntnis der Wahrheit – unabhängig vom eigenen greifbaren Nutzen:

> „Man muss in Betracht ziehen, dass die Wahrheit durch die Verschiedenheit der Personen nicht verändert wird. Wenn daher jemand etwas Wahres sagt, kann er

> nicht besiegt werden, mit wem auch immer er disputiert.“ (Expositio super Job 13,19)

Nach Thomas besteht die größte Wohltat für einen Menschen darin, dass man ihn vom Irrtum zur Wahrheit führt. Und da war er als Dominikaner inhaltlich unnachgiebig und setzte seine geistigen Waffen ein – zur Rettung des Einzelnen wie auch zur Rettung des Friedens in der Gesellschaft. Unter diesem versteht er die Ruhe in der Ordnung und in der Wahrheit.

Da er den Ordensauftrag der Dominikaner in Paris erfüllt hatte und zum Magister aufgestiegen war, ging sein Parisaufenthalt im Herbst 1259 zu Ende. Nun verlieren sich für etwa zwei Jahre seine Spuren; vermutlich nutzte er die Zeit für weitere Studien in Italien und verfasste dort in weiten Teilen das vielleicht umstrittenste und persönlichstes Werk seines Lebens, die „Summa contra Gentiles“. Er selbst gewährte dort ungewöhnlich persönliche Einblicke:

> „Nachdem wir also aus der göttlichen Güte die Zuversicht geschöpft haben, die Aufgabe des Weisen zu übernehmen, wenn es auch über die eigenen Kräfte hinausgeht, haben wir uns als Ziel gesetzt, die Wahrheit, die der christliche Glaube bekennt, nach unserem Vermögen darzulegen und dabei entgegenstehende Irrtümer auszu-

> schließen. Ich bin mir bewusst […], diese Aufgabe geradezu als die wesentlichste meines Lebens Gott schuldig zu sein.“ (ScG 1.1, c.2)

Damit stieß Thomas eine neue Tür auf, die charakteristisch und grundlegend für die nun im großen Stil einsetzende neue theologisch-philosophische Denkform wurde: die Scholastik. Dieser schillernde und vielfältig verwendete Begriff, der in der „Schule“ (schola) seinen Ausgang nahm, wurde im Mittelalter zur Methode jeglicher Wissenschaft und dominierte bis ins 20. Jahrhundert hinein das gesamte katholische Denken und die akademische Ausbildung der katholischen Kirche. Stark vereinfachend zusammengefasst, bildeten folgende Elemente die entscheidenden Grundlagen für die Scholastik: die neue und sich rasch ausbreitende Institution der europäischen Universität als die Verkörperung der mittelalterlichen Wissenschaft schlechthin, der seit dem 12. Jahrhundert zu beobachtende ungeheure Rationalitätsschub und die sukzessive Wiederentdeckung der aristotelischen Schriften.

Ihr wesentliches Charakteristikum war ihre Tendenz zur Verwissenschaftlichung, die bereits ansatzweise im 9. Jahrhundert zu beobachten ist. Diese betraf alle höheren Disziplinen wie Medizin, Recht, Theologie und Philosophie. Deren stark anwachsendes Wissensvolumen

verlangte nach neuen Ordnungsschemata und damit verbundenen ausladenden Gesamtdarstellungen. In ihrer Distanzierung von einer blanken Autorität versuchte die Scholastik, die Inhalte der Glaubenslehre unter den Anspruch logischer Nachvollziehbarkeit und Begründung zu stellen. Sie folgte nicht einer bestimmten Methode, sondern einem Bündel von Strukturmerkmalen, die sehr unterschiedlichen Ursprungs waren.
Die Scholastik artikulierte sich wesentlich dialektisch mit Pro- und Contra-Argumenten und gipfelte in den *Summae* der Magister. Diese waren eine Art Enzyklopädie für Theologie, Philosophie und Jura, teilten ihre Themen auf detaillierteste Weise ein und stellten sie handbuchartig dar. Die beiden grundsätzlichen Quellen für die Begründung der getroffenen Aussagen und Urteile (mit Wahrheitsanspruch!) waren die *auctoritas* (Bibel, Kirchenväter etc.) und jetzt immer stärker die *ratio* mit ihren allen offenstehenden logischen Verknüpfungen. Daher war die Reichweite der Scholastik universell.

In der akademischen Praxis der Scholastik stand die Auslegung und Kommentierung von Texten (v. a. der Bibel) im Vordergrund, die auf ihre Übereinstimmung mit den Werken der Kirchenväter und der Philosophen geprüft wurden. Die Hl. Schrift war nach scholastischem Verständnis immer der Auslegung bedürftig, und der Magister hatte zu erklären, in welchem Sinne (!)

der biblische Text wahr ist, und unterschied nach göttlicher und menschlicher Autorität.

Alle Magister gingen davon aus, dass es allgemeine Prinzipien gäbe, welche für alles Wissen gelten würden. Behauptungen und Urteile wurden mit Rückgriff auf solche Prinzipien oder allgemein anerkannte Sätze begründet. Ein solches, rein rationales Vorgehen (Logik etc.) war neu und führte zu einem verbindlichen Wahrheitsanspruch für alle, die sich der Vernunft bzw. der Logik als Begründungsinstanz unterwarfen. Daher auch Thomas' erstes großes Gesamtwerk, die „Summa contra Gentiles", die sich an die Nichtgläubigen wandte und wenden konnte. Auch hier kam der Impuls von einem Bittsteller, nämlich vom Dominikaner Raimund von Peñafort, der ein umfassendes Werk gegen die Irrtümer der Nichtchristen und der Abweichler anregte. Dabei fällt auf, dass das dialogisch angelegte Werk von einer großen Fairness gegenüber den Argumenten der „anderen" geprägt ist und gewissermaßen einen ökumenischen Gesprächsversuch darstellt, allerdings mit der Entschlossenheit einer umfassenden Identitätswahrung. Da Thomas vom christlichen Weisheitswissen zutiefst überzeugt war, schwingt in dieser *Summa* auch ein merkbarer Missionsgedanke gegenüber den Nichtgläubigen und Abweichlern mit.

Im September 1260 steht Thomas' Biografie wieder auf sicheren Füßen: Er wurde jetzt Generalprediger der Dominikaner in Neapel. Hier zeigte er sich keineswegs als akademisch abgehobener und spitzfindiger Gelehrter, sondern erwarb sich bei seinen Zuhörern durch seine Menschenfreundlichkeit Respekt und Wohlwollen. Dieses neue Amt brachte jedoch auch eine rege Reisetätigkeit zu den auswärts stattfindenden Provinzkapiteln mit sich. Das war Thomas sehr unlieb – nicht auf Grund seines ihm von Martin Luther und der Kunst (Botticelli) immer wieder angedichteten Körperumfangs, sondern weil er die Gelehrtenkammer und den Predigtstuhl vorzog. Als hochgewachsener Süditaliener hatte er zwar von Natur aus einen eher stämmigen Körperbau, war allerdings sehr wahrscheinlich kein „feister Mönch", da er die allermeisten Reisen als Bettelmönch zu Fuß zurücklegen musste. Man hat errechnet, dass er in seinem gesamten Leben mehr als 13.000 Kilometer größtenteils ohne Reittier unterwegs war. Und im Marschgepäck führte er oftmals seine Manuskripte und Bücher mit.

Orvieto – am Hof von Papst Urban IV.

Im September 1261 wechselte Thomas nach Orvieto, wo er wiederum die ordenseigenen Studenten als Lektor unterrichtete. Die heutige Kleinstadt war damals ein in vielfacher Hinsicht bedeutender Ort, denn dort residierte gerade der Papst: Urban IV. hatte selbst in Paris studiert und zeigte eine große Liebe zur Wissenschaft. Am päpstlichen Hof lehrten in jenen Jahren so bedeutende Wissenschaftler wie der Mathematiker Giovanni Campano und später der flämische Dominikaner Wilhelm von Moerbeke, der für Thomas noch sehr wichtig werden sollte. Auch Albertus Magnus stieß 1262/63 dazu.

Bei der Unterrichtung der Studenten griff Thomas nur ungern auf die vorliegenden Handbücher zurück. An ihnen kritisierte er konkret die mangelnde Ordnung bei der Gliederung des Stoffes, die häufigen Wiederholungen, Lücken und Unklarheiten in den bisherigen Werken, die rasch den Überdruss der Leser hervorriefen. Vermutlich reifte hier die Idee zu einem neuen Lehrbuch, einer breit angelegten und umfassenden *Summa*, die er später realisierte.

Außerdem entstand in Orvieto einer der schönsten Kommentare über biblische Bücher, die wir von Thomas von Aquin besitzen, nämlich den über das Buch Hiob („Expositio super Job"). Die Schrift bedeutete für jeden Theologen eine große Herausforderung, geht es doch dabei um nichts anderes als um die Erklärung von Leid und Tod angesichts eines liebenden Gottes. Hiob, der eine innere Entwicklung durchmacht, ist und bleibt immer derselbe Mensch – im Glück wie im Leid. Dabei meditierte Thomas sehr tiefsinnig die Conditio humana, die Grunddaten menschlicher Existenz.

Hier, am päpstlichen Hof, erhielt er auch von Urban IV. theologische Aufträge. So gilt es inzwischen als weitgehend gesichert, dass er die liturgischen Texte für das Fronleichnamsfest verfasst hat und vermutlich auch entsprechende Hymnen für den Kirchengesang (Pange lingua; Adoro Te devoto). Urban hatte 1264 dieses neue Fest der Eucharistie zu einem hohen kirchlichen Feiertag erhoben. In der Zeit nach der Reformation galt Fronleichnam als das Signum der katholischen Kirche, weil es den Gedanken der permanenten Gegenwart Christi im Brot und Wein der hl. Messe propagierte und mit öffentlichen Prozessionen beging. Thomas war bekanntlich stets ein großer Verehrer Jesu Christi in der Hostie und hatte dazu auch die letzte theologische Begründung geliefert. Was heute unter „Wandlung von Brot und Wein“ verstanden wird, hat seine theologische Basis in der sogenannten Transsubstantiationslehre des Thomas.

Auch bei anderen theologischen Fragen war der Aquinate dem Papst zu Diensten. Dabei fällt auf, dass Thomas hier in der Auseinandersetzung mit der Ostkirche – ganz neu – verstärkt griechische Texte und entsprechende Kirchenväter heranzog. In seiner „Catena aurea“, einer Sammlung von kommentierenden Zitaten zu den vier Evangelien, stammten mehr als zwei Drittel der Kirchenväterworte aus dem griechischen Kontext. Außerdem fand er in Klosterbibliotheken die Sitzungsakten der ersten fünf ökumenischen Konzilien der Jahre 325–553, die er für seine eigenen theologischen Werke heranzog. Dabei fällt sein respektvolles Wohlwollen gegenüber den Schriften des Orients auf. Da Thomas das Griechische nicht beherrschte, bediente er sich lateinischer Übersetzungen.

In Orvieto erhalten wir außerdem Einblicke in den Gelehrtenalltag. Die unglaublich reiche und rasche Produktion des Thomas, der jeden Morgen eine Messe feierte, einer weiteren beiwohnte und dann die Studenten unterrichtete, war seinem geregelten Tagesablauf und seinen zahlreichen Mitarbeitern geschuldet. Er selbst war ein schneller, systematischer und rationeller Arbeiter. Häufig verarbeitete er einzelne Themen in unterschiedlichen Werken gleichzeitig, was uns heute die Datierung seiner Schriften z.T. erst möglich macht. Dabei diktierte er oft gleichzeitig mehrere verschiedene Texte drei bis vier Sekretären, die diese später ausarbeiteten und mit Zitaten spickten. Mindestens einen seiner Mitarbeiter kennen wir namentlich, Reginald von Piperno, der seit 1259 sein ständiger Begleiter und Gehilfe wurde. Reginald kümmerte sich auch um alltägliche Belange – etwa darum, dass Thomas das Essen nicht vergaß. Thomas selbst griff auch nachts noch zur Feder.

Bücher existierten damals nur wenige und dann allein als Handschriften. Daher war er auf den Besuch von zahlreichen alten Klosterbibliotheken angewiesen, die er auf seinen Reisen besuchte. Dabei kam ihm ohne Zweifel sein brillantes Gedächtnis zu Hilfe, das zahlreiche Texte und Argumente abspeichern konnte. Er fertigte aber auch vor Ort Abschriften an. Zudem half ihm seine sehr systematisch und gut organisierte Arbeitsweise bei der Bewältigung des schriftstellerischen Riesenpensums.

Einige Autografen haben die Zeiten überdauert. Sie verraten uns, dass Thomas ein ungeduldiger und angestrengter Schreiber war, dem die eigene Zerstreutheit zu schaffen machte. Er kämpfte nicht nur um Worte und präzise Formulierungen, sondern auch um Konzentration, die er vermutlich nur durch extreme Selbstbeherrschung aufrechterhalten konnte.

Rom – „Summa theologiae" und Aristoteles-Kommentar

Im September 1265 schickte ihn der Dominikanerorden nach Rom, um dort ganz eigenständig als Experiment ein neue Studieneinrichtung aufzubauen. Der „Wissenschaftsorganisator" versuchte dort den Lehrbetrieb von Paris zu kopieren. Auch in Rom bildete er seine Ordensbrüder durch die Kommentierung biblischer Bücher aus und hielt täglich Disputationen ab. Aller Wahrscheinlichkeit nach begann er dort sein bedeutendstes Werk: die „Summa theologiae“, zu der er in Orvieto die Anregung erhalten hatte. Sie galt bis ins 20. Jahrhundert hinein als die akademische Standardschrift der katholischen Theologie schlechthin. Ihre Kommentierung und Übersetzung ins Deutsche hält bis heute an; seit 1933 sind 36 von geplanten 37 Bänden erschienen. Das allein spiegelt den Umfang und den ungeheuren Materialreichtum dieses veritablen Opus magnum wider. Er selbst verstand dieses Werk, an dem er nun lebenslang weiterarbeitete, als neues Handbuch für Anfänger in der Theologie. Für den heutigen Leser ist das vielbändige Opus freilich auf Grund seiner Gründlichkeit, der klar definierten philosophischen Begrifflichkeit und der Detailfreude eine höchst anspruchsvolle Lektüre.

Thomas begann seine Hauptschrift zunächst mit der Definition von Theologie und der Bestimmung seines Werkes:

> „Die Hauptaufgabe dieser hl. Lehre liegt also darin, uns Gott erkennen zu lassen, nicht nur wie er in sich ist, sondern auch soweit er Ursprung und Ziel der Dinge und im Besonderen der vernünftigen Geschöpfe ist. Wir handeln also: 1) über Gott; 2) über die Bewegung der vernünftigen Schöpfung zu Gott hin; 3) über Christus, der als Mensch für uns der Weg zu Gott ist.“ (Sth Ia q.2 prol.)

Das spiegelt das planvolle Vorgehen des Thomas in seinem Mammutwerk wider, das unvollendet bleiben sollte. Immerhin konnte er bis zum September 1268 den ersten Teil fertigstellen. Typisch für die Scholastik war, dass die jeweiligen Teile aus einzelnen Fragestellungen – insgesamt 512 *Quaestiones*, die in 2.669 Artikeln untergliedert sind, – bestehen, die im typischen Pro und Contra zu einer *responsio*, einer Antwort, führen. Auf den ersten Blick wirkt das sehr technokratisch und formalistisch, berücksichtigt aber auf den zweiten Blick angemessen den Gegner und verdeutlicht, dass seine Theologie nicht in sich verschlossen ist, sondern geradezu zum Dialog einlädt.

Der Duktus seines Arbeitens ist ebenfalls typisch für Thomas: Ausgangs- und Mittelpunkt ist auch hier wieder Gott, auf den am Ende alles wieder zuläuft. Thomas geht also nicht vom menschlichen Individuum in seiner Befindlichkeit aus, wie das moderne philosophische Denker tun. Die Gottheit ist des Menschen Zielpunkt, der damit im Übernatürlichen liegt. Diesen Gott definiert er philosophisch als reinste, allererste, absolut ursprungslose, völlig unbeschränkte, lautere Wirklichkeit (*actus purus*) und somit als erstes unerschaffenes Sein. Die philosophische Wissenschaft, die sich der Vernunft bedient, erreicht Gott aber nicht zweifelsfrei; sie braucht dazu die christliche Offenbarung, die über die menschliche Vernunft hinausgeht, um ganz sicher zu ihm zu gelangen. Neben den philosophischen Wissenschaften also, „die rein auf der Forschungsarbeit der menschlichen Vernunft beruhen, war also eine heilige Lehre notwendig, die auf göttlicher Offenbarung gründet" (Sth Ia q.1 a.1). Und hier kommen Bibel und Kirche ins Spiel. Thomas stellt demnach die natürliche Vernunft, zu der er größtes Zutrauen hat, ganz in den Dienst des christlichen Glaubens.

Dieses Zutrauen kommt in der „Summa" auch in den fünf sogenannten Gottesbeweisen, besser: Wegen zu Gott, zum Ausdruck. Für uns Menschen ist es nicht selbstverständlich, dass es einen Gott gibt. Thomas erschloss die göttliche Existenz aus seinen sinnlich greifbaren Wirkungen und traute dem Verstand zu, aktiv zur Erkenntnis anderer Dinge zu gelangen. Hier griff er massiv auf die Metaphysik und die Physikvorlesung des Aristoteles zurück. Vor allem dessen Bewegungslehre und Vorstellung vom Kosmos gehen stark in Thomas' Ausführungen ein, die Philosophiegeschichte geschrieben haben. Hier nur ein Beispiel aus seinen „Wegen", die uns schon ähnlich in der „Summa contra Gentiles" begegneten, da sie auch etwas Missionarisches für die Nichtgläubigen enthalten:

> „Alles, was bewegt ist, ist von einem anderen bewegt. […] Entweder ist nun dieses Bewegende bewegt oder nicht. Wenn es

> nicht bewegt ist, dann haben wir also unseren Satz, dass es notwendig ist, ein unbewegtes Bewegendes anzunehmen. Dieses aber nennen wir Gott. – Wenn es aber bewegt ist, dann ist es also von einem anderen bewegt. Entweder muss man also ins Unendliche fortschreiten oder zu einem unbewegten Bewegenden kommen. Man kann aber nicht ins Unendliche fortschreiten. Also muss man ein erstes unbewegtes Bewegendes annehmen." (Sth I q.13)

Thomas definiert die Welt ausnahmslos als Gottes gute Schöpfung. Und daher ist – sehr stark vereinfacht – das Unvollkommene und das Böse dasjenige, was hinter dem Guten mangelhaft zurückbleibt. Hier kommt ein weiterer für Thomas ganz zentraler Begriff ins Spiel: der der Ordnung (*ordo*). Nach dem Römerbrief (13,1) ist alles, was von Gott stammt, geordnet. Die Wirklichkeit spiegelt diesen *ordo* wieder und ist daher klar erkennbar. Die höchste Vollkommenheit des Alls etwa besteht darin, dass ihm eine klare Ordnung zu Grunde liegt. In dieser umfassenden Ordnung versteht es Gott in seiner Güte, das Schlechte zuzulassen, um es in den Dienst des Guten zu stellen. Denn die Schöpfung, die von Gott hervorgegangen ist, strebt zu ihrem Schöpfer und ihrer Vollendung zurück. Daran soll der Mensch mitwirken, wenn er auch mit Kurzsichtigkeit und Egoismus behaftet ist.

Aber nicht nur an der „Summa theologiae" arbeitete der vielbeschäftigte Gelehrte in Rom. Dort begann er auch das wenig bekannte „Compendium theologiae", eine Art knapper Grundriss der christlichen Glaubenslehre. Auch hier fällt auf, wie stark Thomas vom Lehrbetrieb inspiriert und geprägt war, denn das für seine Verhältnisse übersichtliche Werk ist kurzgefasst und allgemeinverständlich – freilich für die Studenten und die wenigen Gebildeten in der zumeist leseunkundigen Gesellschaft des 13. Jahrhunderts. Man darf also damals von solchen handschriftlichen Werken keine Breitenwirkung erwarten; greifbar waren sie lange Zeit in Klosterbibliotheken und Universitäten. Außerdem war Thomas in Rom nicht nur Magister und Schriftsteller, sondern auch dominikanischer Prediger.

Aber damit nicht genug. Neben den zahlreichen Großwerken, die er in Rom unter die Feder nahm, entstand auch seine Kommentierung der Werke des Aristoteles. Sehr wahrscheinlich schrieb er gerade für seine „Summa theologiae" an der Schöpfungslehre, genauer an der Erschaffung der menschlichen Seele. Da kam ihm die ganz neue Übersetzung des Wilhelm von Moerbeke, der die drei Bücher des Aristoteles „De anima" („Über die Seele") mustergültig vom griechischen Original ins Lateinische übertragen hatte, gerade recht, um sie für sein theologisches Standardwerk heranzuziehen. Mit Aristoteles verfeinerte und begründete er seine Werke. Der griechische Denker wurde also niemals von Thomas als Selbstzweck oder aus persönlichem Interesse studiert. Er hat auch nie Vorlesungen über den griechischen Philosophen gehalten.

Aristoteles, den er nun mehr und mehr aus Moerbekes Hand heranzog (und bei ihm eigene Übersetzungen in Auftrag gab), ist für Thomas stärker Werkzeug als Ziel seiner Forschung. Er selbst verstand sich uneingeschränkt als Theologe und nicht – wie im 19. Jahrhundert häufig angenommen – als Philosoph. Dennoch ist es richtig, dass er unter der Federführung der christlichen Offenbarung eine ganz eigene Philosophie entwickelt hat, die man aber eigentlich nicht von seinem Hauptanliegen trennen darf. Die Beschäftigung mit Aristoteles zeugt außerdem von der geistigen Beweglichkeit und der intellektuellen Offenheit des Aquinaten. Ihm gefiel das Aufgreifen neuer Gedanken und das selbst in der Praxis zu beobachtende Hin- und Herspringen beim parallelen Abfassen seiner Werke. Tatsächlich war er ja durch die zahlreichen Auftragsarbeiten in die geistigen Kontroversen seiner Zeit mithineingezogen und musste die Argumente seiner Gegner widerlegen und die Position der Kirche verteidigen. Jedoch nahm er eine solche Herausforderung nur zum Anlass, um eine eigene originelle Theologie zu entwickeln, die über Jahrhunderte Bestand haben sollte. Er war kein Apologet, sondern ein theologischer Denker und gründlicher Pädagoge.

Erneut in Paris – Johannes-Auslegung und „Quaestiones disputatae"

Nach Abschluss seines Aristoteles-Kommentars wurde Thomas von der Ordensleitung im Sommer 1268 nach Paris geschickt, um dort wieder den theologischen Lehrstuhl für ausländische Studenten zu übernehmen. Der vermutliche Hintergrund war, dass der Orden einen klugen und gewandten Magister vor Ort brauchte, der mit den wiederaufgeflammten Streitigkeiten im Lehrkörper und im Umgang mit Aristoteles intellektuell fertig werden konnte. Die nun folgenden Jahre gelten als der Höhepunkt seines Wirkens. Als „gehorsamer Sohn" seines Ordens, wie er sich selbst bezeichnete, machte er sich auf die Reise per Schiff. Auf hoher See geriet das Boot in einen gefährlichen Sturm mit heftigem Gewitter, so dass die Seeleute in Panik verfielen. Thomas machte ein Kreuzzeichen und blieb ruhig, wie seine Begleiter überlieferten.

Die Kontroversen in Paris waren vielfältig und hartnäckig. Den Hauptstreitpunkt in der Aristoteles-Rezeption bildete damals die Frage nach der Ewigkeit der Welt, die in den neu übersetzten Texten des antiken Denkers im Grenzbereich zwischen Philosophie und Theologie, also zwischen Glaube und Vernunft, zu Tage trat. Thomas nahm hier methodisch (!) Stellung, wandte sich damit gegen seine Kollegen aus dem Franziskanerorden und widersprach der vorherrschenden Gelehrtenmeinung. Zwei Beobachtungen sind dabei interessant: 1) Der persönliche Umgang des Thomas mit seinen Gegnern und 2) sein Vertrauen in die menschliche Vernunft. Selbst bei hitzigen Auseinandersetzungen fällt der Dominikaner durch seine große persönliche Harmonie- und Friedensliebe auf, die allerdings vor der intellektuellen Beweisführung Halt machte. So unerbittlich und teilweise sogar polemisch sein Disputieren war, so sehr blieb er doch im Auftreten und im persönlichen Umgang friedfertig, ruhig und demütig. In der Sache argumentierte Thomas damals, dass man auf rein rationalem Wege nicht nachweisen könne, dass die Welt einen Anfang habe; dafür brauche man den Glauben und die Offenbarung, um hier Gewissheit zu erlangen. Heute hat die Astronomie mit der Urknall-Theorie längst die biblischen Aussagen unterstrichen.

Und noch eine weitere Begebenheit zu Beginn des Pariser Aufenthaltes charakterisierten den Menschen und Gelehrten Thomas. Im Dezember 1268 wurde ihm das einträgliche Amt eines

Erzbischofs von Neapel angeboten. Das lehnte er ab und bat den Papst sogar, ihn in Zukunft nicht zu Höherem zu berufen. Seine Lebensaufgabe sei die eines Gelehrten und Professors, nicht die eines Bischofs. Später sagte er einmal zu seinen Studenten, dass die Sorgen des Regierens die Betrachtung des Göttlichen und die eigentliche Seelsorge behindere. „Denn je mehr jemand von der Liebe zum Zeitlichen bedrängt wird, um so gefährlicher wird er vom Himmlischen getrennt" (Tocco, Kap. 43).

Wie gewohnt nahm auch in Paris die Lehre einen wichtigen Platz ein. Disputationen fanden damals fast täglich statt. Außerdem arbeitete er unter Hochdruck an seiner „Summa theologiae" und verschiedenen Auftragsschriften. Die Auslegung des Johannesevangeliums aus jener Zeit gilt als Thomas' spekulativ vollendetste und tiefschürfendste. Vielleicht lag das daran, dass ihm dieses Evangelium am meisten am Herzen lag, weil es das Mysterium der Gottheit Jesu Christi in den Mittelpunkt stellte. Hier wird auch grundsätzlich deutlich, für wie unzulänglich er die menschliche Rede über Gott hält. Mit Johannes weiß sich Thomas einig in der Sinnhaftigkeit des Geheimnisses, wenn sich nämlich die Theologie mit überirdischen Dingen beschäftigt:

> „Die unendlichen Worte der Menschen erreichen das einzige Wort Gottes nicht,

> seit Anfang der Kirche wurde über Christus geschrieben, aber nicht erschöpfend." (Lectura super Ioannem)

Hier in Paris brachte er auch die Produktion seiner universitären Disputationen, die er täglich durchführte, auf einen Höhepunkt. Sie wurden als „Quaestiones disputatae" herausgebracht. Dort wurden so zentrale und allgemeine Fragen erörtert wie etwa die Ursachen der Sünde, die Existenz des Bösen und die menschliche Wahlfreiheit.

Bei seiner schriftstellerischen Arbeit ging er in Paris – wie es scheint – bis an die Grenze seiner Belastungsfähigkeit. Ein Sekretär berichtete, dass Thomas auch noch nachts im Schlaf diktiert haben soll. Der damals bereits in ganz Europa bekannte und geschätzte Gelehrte erhielt vom König von Frankreich eine Einladung, die er mit der Begründung ausschlug, er sei anderweitig beansprucht. Nachdem sein Prior ihn aber aufforderte und mitging, saß er quasi teilnahmslos neben dem König, schlug plötzlich auf den Tisch und sagte: „Eben haben ich einen guten Schluss gegen die Irrlehre der Manichäer gefunden" (Tocco, Kap. 43). Sein Prior zupfte ihn daraufhin am Gewand und Thomas, geistig wieder an der Tafel, entschuldigte sich. Trotz solcher offensichtlichen Überanstrengung fand Thomas selbst in seinem zweiten Parisaufenthalt noch die Zeit für Schülergespräche und

Freundschaften. Dazu zählten damals vorwiegend Italiener und Mitbrüder seines Ordens.

Neapel – letzte Lebensjahre

Wiederum war es das Provinzkapitel der Dominikaner, das Thomas im Frühjahr 1272 beauftrage, eine ordenseigene Ausbildungsstätte, ein neues *studium generale*, zu gründen. Dabei fällt auf, dass Thomas hier ganz freie Hand hatte: Ort und Lehrkörper wurden in sein Belieben gestellt. Er entschied sich für Neapel, da es dort schon durch die Staufer eine angesehene Universität gab. Auch der dortige König Karl von Anjou, der Thomas sehr schätzte, scheint diesen Plan unterstützt zu haben. Er ließ dem Gelehrten monatlich eine Unze Gold als Honorar zukommen, das nicht in die Tasche des Bettelmönches gelangte, sondern in die Hände seines Priors, der damit die Ausgaben für Pergament und Sekretäre bestritt.

Für Neapel sprach außerdem, dass Thomas dort näher bei seiner Familie war. Bekanntlich war der Bezug zu seinen Verwandten stets groß gewesen. Daher tauchte er im September 1272 als Nachlassverwalter seines Schwagers Roger von Aquila auf – eine Aufgabe, für die er kurzfristig sogar seinen Konvent in Neapel verließ, was sonst nicht seine Gewohnheit war. Auch um andere Familienangelegenheiten kümmerte er sich jetzt nachweisbar, vernachlässigte aber dadurch nicht seine eigentliche Arbeit. Aus seinem neu eingerichteten Lehrbetrieb sind uns zwei theologische Werke überliefert, nämlich seine Kommentare zum Römerbrief und zu den Psalmen. Gerade der Psalter war seit der Urkirche *das* Gebetbuch der Christen und galt daher als besonders kostbar. Nach Thomas bündelt dieses Buch der Bibel den gesamten Stoff der Theologie und beinhaltet die wichtigste Ausdrucksform des Christen: den Lobpreis Gottes. Der Römerbrief lag ihm besonders am Herzen, da er ihm als grundlegender Schlüssel für die Auslegung der Hl. Schrift galt. Zuerst soll der Mensch und die Kirche die Gnade Gottes betrachten, dann komme auch nach der Ordnung der Lehre der Rest. Im Wege stehe nach Thomas der Stolz als der Anfang aller Sünde, der bekämpft werden müsse. Der Römerbrief, der gerade diese Dinge behandelt, wurde auch für viel später lebende Reformatoren wie Luther zu einer zentralen Schrift.

In diesem Lebensabschnitt arbeitete Thomas außerdem an vielen Großwerken weiter, so etwa an der „Summa theologiae" (3. Teil); seine Aristoteles-Kommentare wurden in Neapel sogar fertiggestellt.

Als Dominikaner hatte er selbstverständlich auch das Predigen in Neapel nicht vernachlässigt: Aus jener Zeit sind uns Ansprachen über das Vaterunser überliefert, die er in seiner Muttersprache gehalten hat.

Die Vielzahl der literarischen Arbeiten jener Jahre, die sich mit den wichtigsten Fragen des Christentums befassten, ließen seine Kräfte schwinden. Seine Zerstreutheit und die Phasen geistiger Abwesenheit nahmen zu. In den Messen weinte er gottergriffen und war oftmals wie mystisch entrückt. Von den Anwesenden darauf angesprochen, gab er diesen jedoch keine Antwort. Alles gipfelte im kaum beschreibbaren Ereignis vom 6. Dezember 1273 in der Nikolaus-Kapelle in Neapel. Nach der Messe legte er sein Schreibgerät weg, brach den dritten Teil der „Summa theologiae" ab und diktierte fortan nicht mehr. Es erscheine ihm alles wie Stroh, was er zu Papier gebracht, im Vergleich zu dem, was er gesehen habe – sagte er zu seinem Gehilfen Reginald. „Stroh" meint hier Worthülsen, die – weil menschlicher Natur – kaum in der Lage sind, die göttlichen Begrifflichkeiten adäquat auszudrücken. Man hat vielfach versucht, diese Lebenswende mit einem Schlaganfall o. Ä. zu erklären, denn anschließend hütete Thomas das Bett. An Weihnachten wurde er sogar zur Erholung zu seiner Schwester Theodora nach Schloss San Severino geschickt. Als das wenig half, kehrte er im Januar 1274 nach Neapel zurück.

Trotz seiner offensichtlichen Schwäche lud ihn Gregor X. zum Konzil nach Lyon ein, das Anfang Mai eröffnet werden sollte. Als gehorsamer Sohn der Kirche und des Papstes machte er sich noch im Winter auf den Weg und erlitt unterwegs einen herben Unfall. Er erreichte schließlich das Kloster seiner Jugendjahre, Montecassino, wo gerade ein heftiger Streit unter den Mönchen entbrannt war. Es ging um die grundsätzliche wie übergeordnete Frage, wie die menschliche Freiheit mit der göttlichen Allwissenheit und Vorherbestimmung (*providentia divina*) vereinbar sei. Bis heute gilt dieses Thema als eines der schwierigsten und heikelsten der Theologie. Weil er den Aufstieg zum Bergkloster der Benediktiner körperlich nicht mehr schaffte, diktierte Thomas dort letztmals einen Brief. Die Originalschrift ist erst 1874 in der dortigen Bibliothek wiederentdeckt worden. Sie gilt als eine der besten und wuchtigsten Erklärungen des Gelehrten, der zunächst beide Axiome unterstrich. Obgleich menschliche Freiheit und göttliche Vorsehung ganz unterschiedlich und widersprüchlich gelten, müssen sie nicht notwendig Einfluss aufeinander ausüben. Dabei strich Thomas in großer Klarheit die absolute Freiheit und Allursächlichkeit Gottes gegenüber einem falsch verstandenen Autonomiebestreben des Menschen heraus.

Im Februar 1274 machte er auf seiner Reise gen Norden auf Schloss Maenza bei seiner Schwester Halt. Hier wurde Thomas ernsthaft krank und verlor den Appetit. Das Ende nahe fühlend, begab sich der völlig geschwächte Aquinate ins Kloster Fossanova. Die dortige

Pflege der Mönche quittierte er mit Demut und Dankbarkeit, und es scheint, als habe er sich hier letztmalig mit der Kommentierung des Hohenliedes aus dem Alten Testament beschäftigt. Überliefert ist uns jedoch nichts Sicheres.

Am 4. oder 5. März empfing Thomas die Sterbesakramente und legte den Mönchen nochmals die Lehre von der Eucharistie ans Herz. Er unterwarf sich und sein Œuvre dem Urteil der Kirche und verschied am Morgen des 7. März 1274. Damit schließt und konzentriert sich der Bogen seines Lebens, das in totaler nervlicher und körperlicher Erschöpfung endete.

Nach einer abenteuerlichen und wenig pietätvollen Odyssee gelangte sein Leichnam im 14. Jahrhundert nach Toulouse, wo seine Gebeine am 28. Januar 1369 in der Kirche des dortigen Jakobinerkonvents, dem Kloster des Dominikanerordens, Aufnahme fanden. Ein monumentales Grabmal für Thomas aus dem 17. Jahrhundert wurde während der Französischen Revolution zerstört; erst 1974 wurde anlässlich seines 600. Todestages ein neuer Reliquienschrein in der Klosterkirche aufgestellt, wo seitdem Thomas' Überreste verehrt werden können.

Nachleben

Der schon zu Lebzeiten berühmte und gefragte Denker und Theologe erfuhr posthum anfangs ein widersprüchliches Nachleben. Einerseits wurde Thomas als außergewöhnlicher Gelehrter sofort gefeiert und seine Gebeine als Zeichen der Verehrung mehrfach umgebettet und aufgeteilt, andererseits intensivierte sich gerade an den Universitäten Paris und Oxford die Kritik an etlichen seiner theologischen Positionen. Beispielsweise hatten konservative augustinische Kreise in Paris eine radikale aristotelische Ausrichtung der Theologie an sich scharf angegriffen und der Bischof der Seine-Metropole im März 1277 entsprechende 219 Thesen verurteilt, was für eine gewisse Zeit die Rezeption thomistischen Denkens stoppte.

Den Hintergrund solcher Kritik bildeten aber vielfach weniger Thomas' eigene Werke, sondern vielmehr Gelehrtengezänk und Auseinandersetzungen zwischen den einzelnen Orden. Hier waren es insbesondere viele Franziskaner, die die Rechtgläubigkeit des Thomas bestritten und mit ihren kontroversen Schriften eine eigene Literaturgattung ins Leben riefen. Diese Auseinandersetzung trug allerdings auch dazu bei, dass sich eine eigene thomistische Schule ausbildete.

Diese Kontroverse „Ketzer oder Heiliger“ brachte Papst Johannes XXII. in Avignon aus persönlichem Antrieb sehr deutlich zum Schweigen, indem er Magister Thomas, der schon 1317 als *communis doctor*, als allgemeiner Lehrer, tituliert wurde, am 18. Juli 1323 heiligsprach. Merkwürdigerweise begründete der Papst seine Entscheidung viel weniger mit Thomas’ neuartigen Schriften und seiner zukunftsweisenden Theologie, sondern mit seiner Hingabe an das Studium und die Sorgfalt, mit der sich der Magister durch das Gebet auf die Lehrtätigkeit vorbereitet hatte.

Die Heiligsprechung brachte die Rehabilitation von Thomas’ Gedankengut. Der nunmehrige Bischof von Paris, Étienne Bourret, etwa nahm die Verurteilung seines Vorgängers von 1277 zurück, insofern sie die Lehre des Thomas betroffen hatte.

In den folgenden Jahrhunderten wurde Thomas von Aquin mit zahlreichen Ehrentiteln belegt und damit neuen Theologengenerationen empfohlen (2. Hälfte 15. Jh. *„doctor angelicus“*; 1567 „Kirchenlehrer“). Doch schon vorher hatten seine Werke ihren Weg in die Bibliotheken Europas gefunden. Egal wie die Professoren zu seinen Schriften standen, sie wurden überall abgeschrieben und weiterverbreitet. Die Bahn zu einer beispiellosen und weltweiten Erfolgsgeschichte war damit geebnet.

Vor allem die antiprotestantische Theologie des Konzils von Trient (zwischen 1545 und 1563) hat Thomas als Kronzeugen herangezogen, dessen Schriften man bis in die eigenen Formulierungen folgte. Für die katholische Theologie wurde nun seine „Summa theologiae" zum grundlegenden und maßgeblichen Lehrbuch. Dieses Ansehen erreichte im 17. Jahrhundert seinen Höhepunkt und erlitt erst während der Aufklärung und der Säkularisation Einbußen. Doch schon in der ersten Hälfte des 19. Jahrhunderts setzten sich an den theologischen Lehrkanzeln der Neuthomismus und die Neuscholastik durch, die vom Papst, den Bischöfen und durch die Mittelalterverklärung der nun vorherrschenden Romantik gefördert wurden. Thomas wurde nun wieder zum theoretischen Fundament der katholischen Lehre.

Nach dem Zweiten Weltkrieg ergriff der allgemeine Pluralismus auch die katholische Schultheologie, so dass man dieses ehemalige Grundlagenwerk mehr und mehr beiseiteließ und ihm jetzt stärker historische Bedeutung zumaß. Angesichts immer unterschiedlicher werdender Ansätze in der theologischen Lehre und der damit verbundenen rückläufigen Kommunikationsfähigkeit der Gelehrten schätzt man aber inzwischen die thomistischen Schriften an vielen Ausbildungsstätten der Welt, vor allem auf dem amerikanischen Doppelkontinent. Thomas lieferte eine allen gemeinsamen Begriffs- und Denkgrundlage für eine theologisch-philosophische Diskussion, die angesichts des Pluralismus und verstärkter internationaler Kommunikation vielfach als besonderer Wert wiederentdeckt wird. Das ist längst nicht einem überall um sich greifenden Fundamentalismus geschuldet – man bedenke, dass die Reformer des Zweiten Vatikanischen Konzils durch die Bank scholastisch ausgebildet worden waren.

Eine Thomas-Rezeption ist außerdem in jüngerer Zeit gefragt, wenn es um das immer noch breit diskutierte theologisch-philosophische Verhältnis von Glaube und Vernunft geht. Und auch die protestantische Theologie hat Thomas seit einigen Jahrzehnten für ihre grundsätzlichen Glaubensfragen entdeckt – nicht nur im historischen Sinne, sondern auch im ökumenischen und wenn es darum geht, das vorkonfessionelle „Vätererbe“ der evangelischen Glaubenslehre besser zu verstehen.

Quellen, Literatur und Siglen

Quellen

De malo = S. Thomae Aquinatis doctoris angelici Opera Omnia, Bd. 23, Rom 1982

Lectura super Ioannem = Thoma von Aquin: Kommentar zum Johannesevangelium, Teil 2, übersetzt von Paul Weingartner u.a, Göttingen 2016

Expositio super Job = S. Thomae Aquinatis doctoris angelici Opera Omnia, Bd. 26, Rom 1965

ScG = Thomas von Aquin: Summa contra Gentiles, 4. Aufl., Darmstadt 2013

Sth = Thomas von Aquin: Summa theologiae, Graz u. a. 1933 ff.

Tocco = Das Leben des hl. Thomas von Aquino. Erzählt von Wilhelm von Tocco …, hg. von Willehad P. Eckert, Düsseldorf 1965

Literatur

Berger, David: Thomas von Aquin begegnen, Augsburg 2002

Drewes, Hans-Anton: Thomas von Aquin, in: Ulrich Köpf (Hg.), Theologen des Mittelalters. Eine Einführung, Darmstadt 2002, S. 129–148

Grabmann, Martin: Thomas von Aquin. Eine Einführung in seine Persönlichkeit und Gedankenwelt, 8. Aufl., München 1949

Heinzmann, Richard: Thomas von Aquin. Eine Einführung in sein Denken, Stuttgart 1994

Leppin, Volker: Thomas von Aquin. Zugänge zum Denken des Mittelalters, Münster 2009

Leppin, Volker (Hg.): Thomas Handbuch, Tübingen 2016

Pesch, Otto Hermann: Thomas von Aquin. Grenze und Größte mittelalterlicher Theologie. Eine Einführung, 3. Aufl., Mainz 1995

Pieper, Josef: Hinführung zu Thomas von Aquin – 12 Vorlesungen, Freiburg/Br. 1967

Pieper, Josef: Thomas von Aquin: Leben und Werk, München 2014

Schönberger, Rolf: Thomas von Aquin zur Einführung, 4. Aufl., Hamburg 2012

Torrell, Jean-Pierre: Magister Thomas. Leben und Werk des Thomas von Aquin, Freiburg/Br. u. a. 1995

Alfred Dunshirn

Aristoteles

Wegbereiter der Metaphysik
Philosophie für unterwegs, Band 4

Der griechische Gelehrte Aristoteles (384–322 v. Chr.) unterzog alle Bereiche des Lebens, die dem Menschen zugänglich sind, der Betrachtung. Die Fragestellungen und Ergebnisse seiner Forschungen, die uns in zahlreichen Schriften überliefert sind, prägen bis heute die Art und Weise, wie man im Abendland über Dinge spricht und denkt. Alfred Dunshirn gibt einen kurzen, verständlichen Überblick über zentrale Begriffe und große Themen in Aristoteles' Werken.

ISBN 978-3-96311-367-3

„Dunshirn ist ein kleines Meisterwerk gelungen."

Nicola C. Karafyllis, Coincidentia. Zeitschrift für europäische Geistesgeschichte